D1465179

ACC. No: 02985608

Mam Lan a Lawr
Cyhoeddwyd yng Nghymru yn 2021 gan Graffeg.

Graffeg Cyf., 24 Canolfan Busnes Parc y Strade, Heol Mwrwg, Llangennech,
Llanelli, Sir Gaerfyrddin SA14 8YP.

www.graffeg.com

Cyhoeddwyd yn wreiddiol yn y DU gan Child's Play (International) Ltd.,
Ashworth Road, Bridgemead, Swindon, SN5 7YD dan y teitl *Up and Down Mum*.
www.childs-play.com

ISBN 9781913733766

Cyhoeddwyd gyda chymorth ariannol Cyngor Llyfrau Cymru.
www.gwales.com

GRAFFEG

Mae Wellcome yn bodoli er mwyn gwella iechyd drwy helpu syniadau gwych i ffynnu.
Rydym yn cefnogi ymchwilwyr, yn ymgymryd â heriau iechyd mawr, yn ymgyrchu dros
well gwyddoniaeth, ac yn helpu pawb i ymwneud â gwyddoniaeth ac ymchwil iechyd.

Mam Lan a Lawr

Darluniau gan

SUMMER MACON

Addasiad Anwen Pierce

Mae Mam yn un dda am ddweud stori.
Ry'n ni'n cael llawer o hwyl wrth ddarllen gyda'n gilydd.
Mae ei phypedau'n gwneud i mi chwerthin!

Ry'n ni'n dwlu ar goginio gyda'n gilydd.

Weithiau mae Mam wedi blino'n lân ac mae'n aros yn y gwely drwy'r dydd.

Bryd hynny, dwi'n cerdded
i'r ysgol gyda fy ffrindiau.

Aeth y ddwy ohonon ni i'r llyfrgell yr wythnos diwethaf i wneud ymchwil ar gyfer fy mhrosiect gwyddoniaeth. Roedd Mam wedi cyffroi cymaint wrth weld yr holl lyfrau, dechreuodd siarad yn gyflym ac yn uchel. Roedd pawb yn edrych arni – ro'n i eisiau cuddio.

A'r diwrnod o'r blaen aethon ni i nofio.
Neidiodd Mam i'r pwll a chael stŵr.
Ro'n i'n llawn embaras! A beth petai
hi wedi brifo? Beth wedyn?

Ry'n ni'n gwneud llawer o bethau gyda'n gilydd.

Pan awn ni i siopa, fi sy'n dewis y ffrwythau.
Afal yw fy hoff un i!

Mae Alys, ein cymydog, yn dod i helpu Mam pan mae fy ffrindiau'n dod i'r tŷ. Ry'n ni'n chwarae gemau o bob math. Mam yw'r ddraig frawychus fel arfer ac Alys yw'r marchog dewr. Ry'n ni wrth ein boddau. Dwi'n caru Mam!

Neithiwr, aeth Mam bant i rywle tawel lle gallai rhywun ofalu amdani.

Un tro, arhosodd hi yn yr ysbyty. Anfonodd lun o'i stafell ata i – roedd hi'n stafell hyfryd.

Fel arfer mae Tad-cu'n dod i aros pan mae Mam wedi mynd bant, ond os yw e'n brysur, dwi'n mynd i aros at fy ffrindiau.

Galla i drafod unrhyw beth gyda Tad-cu. Mae gen i wastad lawer o gwestiynau, yn arbennig am Mam. Mae Tad-cu'n fy helpu i ddeall Mam, ond nid yw'r atebion ganddo bob tro. Ry'n ni'n trio dod o hyd i'r atebion gyda'n gilydd.

Mae'r rhan fwyaf o'r diwrnodau'n grêt.
Ond weithiau dyw Mam ddim fel hi ei hun.
Mae hyn yn hwyl fel arfer, ond mae'n gallu gwneud i mi deimlo
braidd yn ofnus hefyd.

"Mae pawb yn cael diwrnodau gwell na'i gilydd," meddai Tad-cu,
"ond mae'n waeth i dy fam. Mae fel petai hi ar reid mewn ffair."

Dwi'n meddwl mai hi yw
fy Mam Lan a Lawr.

Pan mae Mam yn hapus, mae'n teimlo fel petai hi ar ben ei digon, yn medru gwneud unrhyw beth.

Pan mae hi'n drist mae'n teimlo fel petai hi mewn twll tywyll a does neb na dim yn medru codi ei chalon.

Weithiau dwi'n teimlo ei bod hi'n meddwl yn rhy gyflym ac yn methu stopio mewn pryd, fel trên heb frêcs.

Dyna pam mae hi'n gofyn am help – er mwyn ei chael i fynd yn ei blaen yn ddiogel.

"Waeth faint bynnag rwyt ti'n caru dy fam ac eisiau ei helpu," meddai Tad-cu, "nid ti ddylai ei thrwsio. Mae angen help arni gan bobl sydd wedi eu hyfforddi'n arbennig. Byddan nhw'n gofalu amdani ac yn ei helpu i reoli ei theimladau.

Cael y cydbwysedd sy'n bwysig – fel clorian."

Nos Fercher yw fy hoff noson – noson pêl-droed. Dwi'n medru mynd hyd yn oed os nad yw Mam yn hwylus am fod fy ffrindiau'n mynd â fi. Weithiau mae Mam yn dod i wylio.

Mae Mam a fi'n mynd i weld therapydd teulu o'r enw Paul. Mae e'n ddoniol a charedig iawn. Dwi'n gallu siarad am sut dwi'n teimlo. Mae Paul yn helpu pawb i wrando ar ei gilydd.

Ac ry'n ni'n mynd am hufen iâ wedyn!

Dangosodd Tad-cu i mi sut i ddefnyddio'r ffôn os oes angen help arna i. Mae gen i lawer o rifau y galla i eu ffonio mewn argyfwng.

Dyna Tad-cu, Alys, ein gweithwraig gymdeithasol, a'n ffrindiau gorau. Pan mae'n anodd ar Mam, mae'n dda gwybod y galla i eu ffonio a chael help.

Mae Mam yn dod
adre heddiw. Ry'n ni'n
coginio teisen arbennig
ar ei chyfer.

Teisen lemon Tad-cu yw'r deisen
orau yn y byd – a ffefryn Mam!

"Mae gwneud rhywbeth arbennig i dy fam yn ei helpu i deimlo'n hapus," meddai Tad-cu â gwên.

"A gwybod dy fod ti yma ar ei chyfer yw'r peth sy'n ei helpu hi fwyaf."

Mae Mam gartre ac mae popeth yn teimlo'n iawn!

Mae Mam yn cymryd ei moddion bob dydd. Mae'n ei helpu i gadw'n iach.

Weithiau pan dwi'n anhwylus dwi'n cael moddion hefyd, ond
dwi byth yn cyffwrdd ag un Mam – hi sydd bia hwnnw.

Dwi'n dwlu ar ddawnsio a chael llond y lle o gerddoriaeth – mae'n un o fy hoff bethau pan dwi ar fy mhen fy hun. Ond gall y sŵn uchel wneud Mam yn grac ac mae'n gofyn i fi fod yn dawel.

Bryd hynny, dwi'n chwarae â fy nheganau. Dwi'n dal i fwynhau – mae'n wahanol, dyna'r cyfan.

Mae hwyliau Mam yn mynd lan a lawr...

...ond Mam yw hi, a fyddwn i ddim yn ei newid am bris yn y byd!

Anhwylder deubegwn

Efallai eich bod chi'n byw gyda rhiant sydd ag anhwylder deubegwn.
Gall y tudalennau hyn ateb rhai o'ch cwestiynau a'ch helpu chi i siarad am rai o'ch teimladau.

Beth yw anhwylder deubegwn?

Cyflwr sy'n effeithio ar hwyliau rhywun yw anhwylder deubegwn. Mae'n digwydd oherwydd anghydbwysedd yng nghemegau'r ymennydd. Does neb yn siŵr beth sy'n ei achosi, ond NID yw'n heintus a does dim modd ei ddal gan rywun arall. Y rhan fwyaf o'r amser, fyddwch chi ddim yn sylwi bod gan rywun anhwylder deubegwn. Ar rai adegau, gall hwyliau'r person hwnnw amrywio'n fawr, gan achosi mania neu iselder.

Iselder: Gall iselder, neu hwyliau isel, wneud i bobl deimlo'n drist, blinedig a gofidus, ac mae codi o'r gwely neu fynd allan yn anodd. Efallai na fydd pobl sy'n teimlo felly am dreulio amser gyda'u ffrindiau neu eu teulu. Gall y teimlad bara am rai oriau, neu'n llawer hirach.

Mania Gall mania, neu hwyliau gorfywiog, wneud i bobl deimlo wedi eu gorgyffroi ac yn llawn egni. Mae'n bosib na fydd pobl sy'n teimlo felly yn cysgu neu fwyta llawer, ac mae'n teimlo fel petaen nhw'n barod i gymryd risgiau diangen. Weithiau maen nhw'n gwisgo'n wahanol ac yn dweud pethau gwahanol, yn siarad yn gyflym iawn ac yn teimlo fel petai eu meddwl yn bell. Ond gall mania wneud iddyn nhw fod mewn hwyliau drwg ac yn ddiamynedd, a gall hyn bara am rai oriau, neu'n llawer hirach.

Y rhan fwyaf o'r amser, mae pobl ag anhwylder deubegwn yn ymddwyn yn y ffordd ry'n ni wedi arfer â hi.

Sut mae'n gwneud i ti deimlo?

Gall byw gyda rhywun sydd ag anhwylder deubegwn fod yn ddryslyd oherwydd nid wyt ti'n siŵr beth i'w ddisgwyl o un diwrnod i'r llall. Efallai dy fod yn teimlo'n grac, yn ofnus, yn ofidus, yn drist, neu hyd yn oed yn llawn embaras. Gall siarad am sut rwyt ti'n teimlo helpu. Sut bynnag rwyt ti'n teimlo, paid byth ag anghofio bod dy riant yn dy garu.

A fydd Mam neu Dad yn gallu gwella?

Nid dy waith di yw gofalu am rywun sydd ag anhwylder deubegwn. Mae yna ddigon o bobl sydd wedi eu hyfforddi i wneud hyn. Gall dy riant ddysgu sut i ymdopi â newid hwyliau drwy siarad â therapydd, a gall hyn dy helpu di hefyd i ddeall yn well yr hyn sy'n digwydd. Mae meddyginiaethau hefyd ar gael sy'n gwneud i'r cemegau yn yr ymennydd weithio mewn ffordd fwy cytbwys.

Beth sy'n digwydd pan mae angen help ar riant?

Mae'n bosib y bydd angen weithiau i dy riant aros oddi cartref er mwyn cael gofal. Gall hyn olygu y bydd rhywun arall yn gofalu amdanat ti, felly mae'n help i baratoi at hyn.

Gwna gynllun gyda dy riant, yn nodi patrwm dy ddiwrnod yn yr ysgol, pa eitemau wyt ti eu hangen, ac ar ba ddiwrnodau fyddi di adre'n hwyr o'r ysgol. Meddylia am y gweithgareddau eraill rwyt ti'n cymryd rhan ynddyn nhw a beth rwyt ti'n mwynhau ei wneud, ac ysgrifenna am y rhain hefyd. Bydd y cyfan hyn yn help i'r person fydd yn gofalu amdanat.

Gyda dy riant, gwna restr o rifau ffôn aelodau o'r teulu a ffrindiau da rwyt ti'n ymddiried ynddyn nhw, ynghyd â meddygon a gwasanaethau cynnal, a chadwa'r rhestr yn rhywle cyfleus. Os oes gennyt ffôn symudol, gelli di storio'r rhifau ar hwnnw. Bydd y rhestr yn ddefnyddiol petai angen i ti ffonio rhywun am gymorth, i ofyn cwestiynau, ac i siarad am sut rwyt ti'n teimlo.

Mae'n bwysig dy fod yn gwneud gweithgareddau rwyt ti'n eu mwynhau: chwaraeon, diddordebau, cwrdd â ffrindiau, a chael hwyl. Mae troi at wahanol weithgareddau yn ffordd o gwrdd â ffrindiau newydd a chodi dy hyder; gall hyn wneud i ti deimlo'n well amdanat ti dy hun.

Y peth pwysicaf yw dy fod ti a dy riant yn mwynhau'r cyfnodau hwyliog a hapus gyda'ch gilydd.